そだててみよう！
はじめての栽培（さいばい）
チューリップ

監修 ★ 松井 孝

しょくぶつは生きている

花だんや道ばたの草花、公園や校庭の木、はたけのやさいなど、みぢかにたくさん見られるしょくぶつ。みなさんは、しょくぶつをかんさつしたことがありますか？

しょくぶつを大事にそだてながら、じっくりかんさつすることで、成長していくすがたや、へんかするようす、そして、しょくぶつも生きていることに気づいていくでしょう。

しょくぶつは同じばしょでうごかずに、ことばを話すこともできませんが、わたしたちと同じように、よう分を体にとり入れ、こきゅうをして、成長する生きものなのです。いのちあるしょくぶつを、大切にそだてましょう。

さいばいのじゅんび

チューリップをそだてるために、さいしょにじゅんびするものをしょうかいします。

うえ木ばち

うえ木ばちは、そこがあみ目のようになっているものや、はちのそこにしく「すのこ」がついているものをよういしましょう。プラスチックのものが、あつかいやすいです。

そこがあみの目になっているはち。

すのこがついているはち。

土

土は、花用の「ばいよう土」を買いましょう。すぐにうえられるように、ひりょうが入っているものがよいです。

きゅうこん

チューリップのきゅうこんは、秋にホームセンターやえんげい店で売られます。10ページをさんこうにして買いましょう。

ちゅうい

- スコップやシャベルなどを人にむけたり、ふりまわしたりしてはいけません。人に当たると、きけんです。
- さぎょうはなるべく、日中のあついときでなく、午前や夕方などの気温がひくいときにしましょう。
- さぎょうをした後は手に土がつくので、かならず手をよくあらいましょう。
- ふくそうは、長そでで、長ズボンにし、できるだけぼうしをかぶりましょう。

もくじ

- チューリップって、どんな草花（くさばな）？・・・・4
- 色（いろ）とりどりのチューリップ・・・・・・6
- さあ、そだてよう・・・・・・・・・・・・8
- きゅうこんをうえよう・・・・・・・・10
- 冬（ふゆ）のさむさが大事（だいじ）・・・・・・・・12
- めが出（で）たよ・・・・・・・・・・・・・14
- 葉（は）がのびてきた・・・・・・・・・・16
- 色（いろ）づくつぼみ・・・・・・・・・・・18
- 花（はな）がさいたよ・・・・・・・・・・・20
- とじひらきする花（はな）・・・・・・・・・22
- 花（はな）がさきおわったら・・・・・・・・24
- きゅうこんをほろう・・・・・・・・・26
- 水（みず）さいばいにちょうせん・・・・・・28
- もっと知（し）りたい！チューリップ・・・30

※ページ下（した）のらん外（がい）には、さいばいについて、くわしいせつめいが しるされています。おとなの人（ひと）といっしょに読（よ）んでください。

3

チューリップって、どんな草花？

チューリップは、秋にきゅうこんをうえて、春に花がさく草花です。
もともとは、トルコの人たちが野原にさいているチューリップを、花を楽しむために、にわにうえていました。それがヨーロッパにつたわり、そこからさらにいろいろな国につたわっていきました。日本では、とくに新潟県や富山県で、たくさんそだてられています。

> アサガオや、ヒマワリは、たねからそだてるけど、チューリップは、きゅうこんからそだてるんだって。

根

きゅうこんをうえてしばらくすると、きゅうこんの下から根が生えてきます。たくさんの細い根が出て、まるでひげのようです。

きゅうこん

チューリップは、きゅうこんからそだてます。チューリップのきゅうこんは、よう分をためるためにあつくなった葉が、何まいもかさなって丸くなったものです。根やめは、きゅうこんのよう分をつかって出ます。

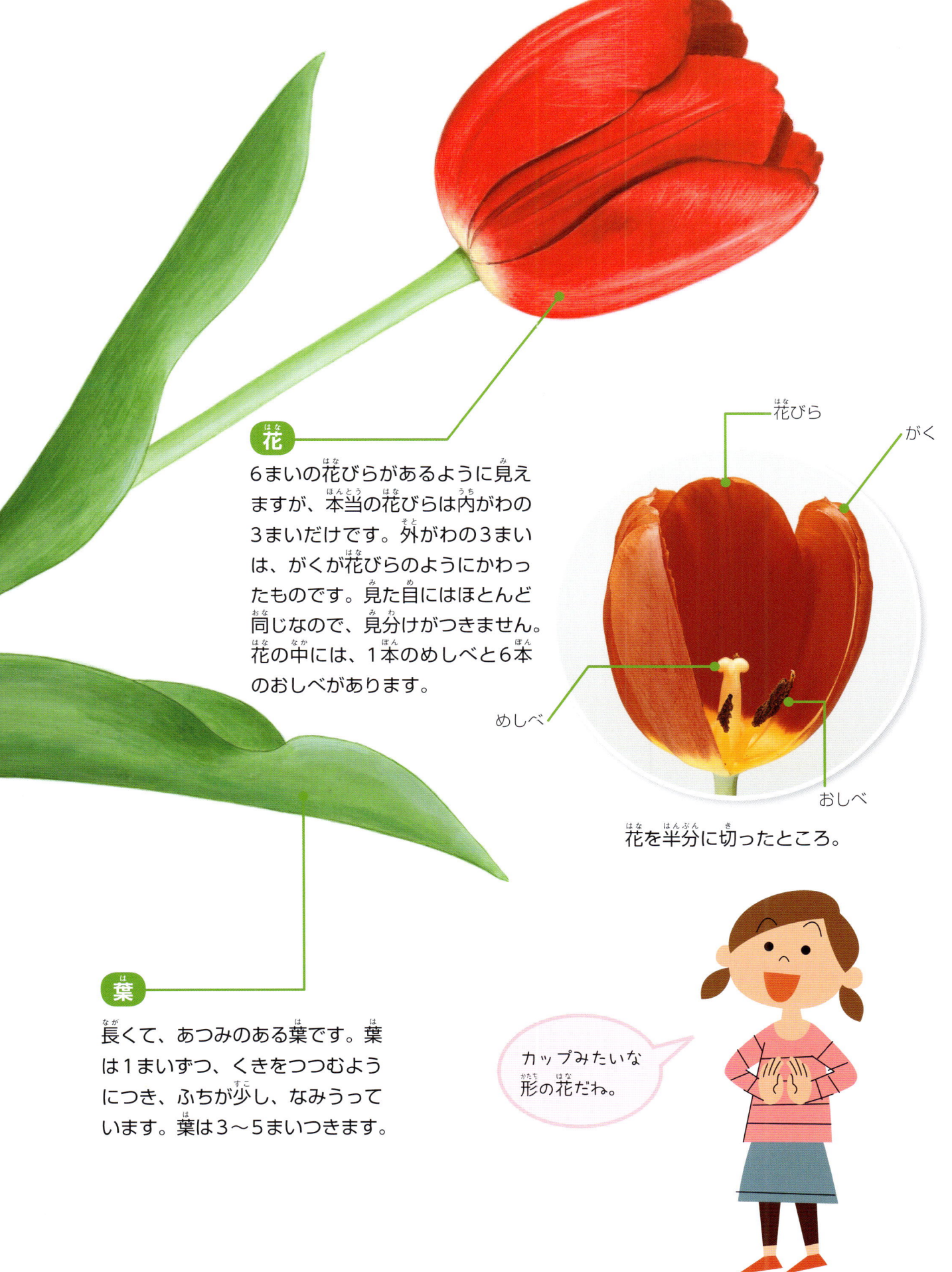

花

6まいの花びらがあるように見えますが、本当の花びらは内がわの3まいだけです。外がわの3まいは、がくが花びらのようにかわったものです。見た目にはほとんど同じなので、見分けがつきません。花の中には、1本のめしべと6本のおしべがあります。

花を半分に切ったところ。

葉

長くて、あつみのある葉です。葉は1まいずつ、くきをつつむようにつき、ふちが少し、なみうっています。葉は3～5まいつきます。

カップみたいな形の花だね。

色とりどりのチューリップ

　チューリップは、オランダでたくさんのひんしゅがつくられました。花びらがたくさんあるものや、花びらにもようが入ったものなど、いろいろあります。気に入ったチューリップをえらんで、うえましょう。

サクサティリス
野生のチューリップに近いひんしゅで、草たけが10～20センチとひくめです。1つのかぶがえだ分かれして2つか3つ、花をさかせます。花びらはピンク色で、中心がこい黄色です。

イエローベビー
花はあざやかな黄色で、花びらが何まいもかさなってさく八重ざきです。草たけが20センチほどで、せがひくくかわいらしいチューリップです。

ソルベット
花は全体にふっくらとしていて、先が少し外がわにそっています。白色に赤色がまざったもようの花びらで、草たけは40～50センチです。

ニューデザイン
葉に白いふちどりがあり、花だけでなく、葉も見て楽しめます。花びらは、ふちがこいピンクで、中央にいくにつれ、うすいピンクになります。草たけは35〜45センチです。

スプリンググリーン
花びらの先が外がわに少しそっていて、黄色がかった白色にみどり色のおびが入っています。草たけは40〜50センチになります。

アイスクリーム
花びらが何まいもかさなって、こんもりと丸くなり、まるでカップに入ったアイスクリームのような形です。草たけは30〜40センチです。

花びらが2色の
チューリップがある！

花の形も
いろいろあるね。

7

さあ、そだてよう

　まずは、右の「さいばいカレンダー」を見て、そだてるじきをかくにんします。チューリップのきゅうこんは、10〜11月がうえどきで、土の中で冬をこし、春に花をさかせます。

　さぎょうのないようをかくにんし、ひつようなものがそろっているか、たしかめてからうえましょう。

そだてやすいばしょ

ベランダやにわの、日当たりのよいばしょがてきしている。

1月	2月	3月	4月

じゅんびするもの

ホームセンターや、えんげい店などでそろえられます。きゅうこん、はち、土については2ページも見ましょう。

チューリップのきゅうこん

そこがあみ目になっている、プラスチックのはち（直けい20センチ、ふかさ15センチくらいのもの）

花用のばいよう土（ひりょう入りのもの）

培養土は、肥料入りのものを選びましょう。「じゅんびするもの」にある液体肥料は、追肥用の即効性肥料です。培養土の肥料は、植物が吸収したり、鉢から流れ出たりして、いずれなくなります。肥料が足りなくなるとうまく育たないことがあるので、追肥して補いましょう。

さいばいカレンダー

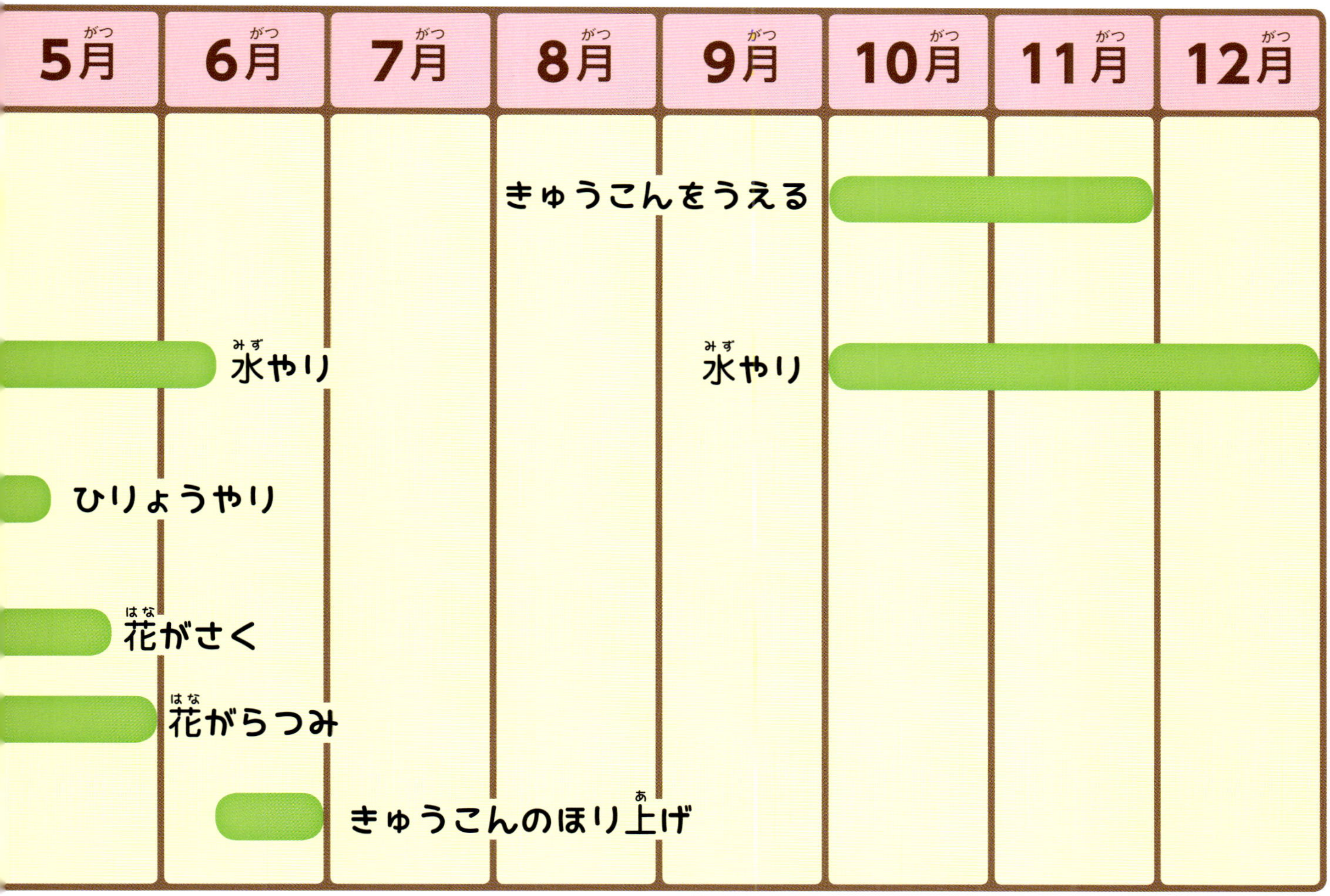

5月	6月	7月	8月	9月	10月	11月	12月
			きゅうこんをうえる				
水やり				水やり			
ひりょうやり							
花がさく							
花がらつみ							
	きゅうこんのほり上げ						

さぎょうをするじきや、花のさくじきを、1年間のカレンダーにしています。みどり色のおびが、それぞれのじきです。

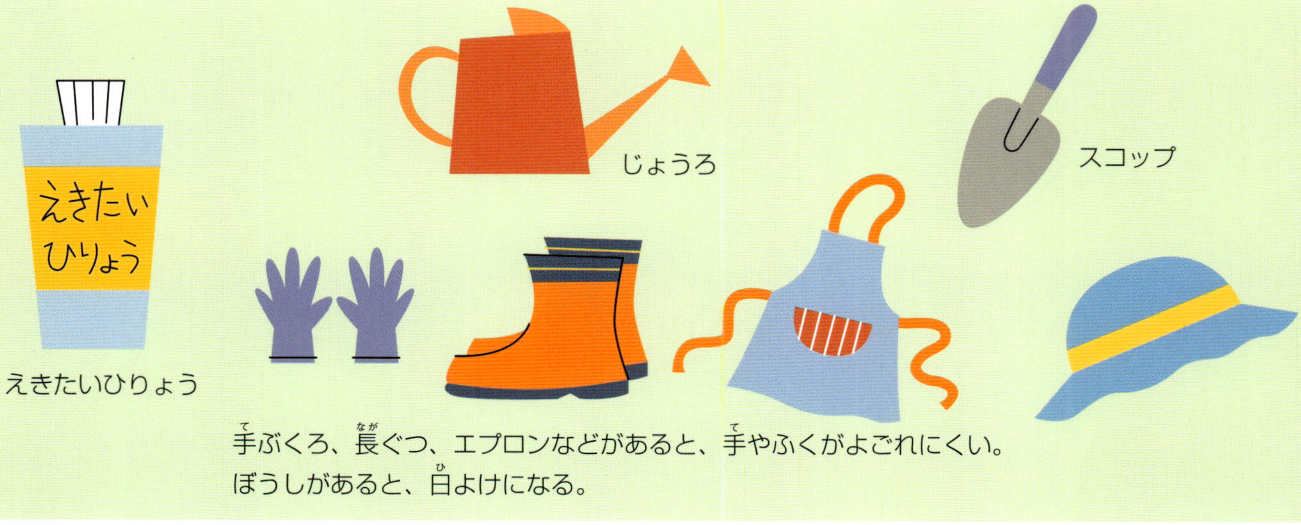

じょうろ
スコップ
えきたいひりょう

手ぶくろ、長ぐつ、エプロンなどがあると、手やふくがよごれにくい。
ぼうしがあると、日よけになる。

この本で紹介している栽培の方法や時期などは、関東地方を基準にしたものです。育てる地域や環境、その年の気候などによっては当てはまらないことがあるかもしれません。

きゅうこんをうえよう

　しょくぶつのきゅうこんは、おもに春か秋にうえますが、チューリップのきゅうこんは、秋にうえつけをします。さむさに強く、きゅうこんのじょうたいで冬をこします。

きゅうこんのうえ方

ひりょう入りの花用のばいよう土を、うえ木ばちに半分くらい入れます。その上に、きゅうこんをおきます。

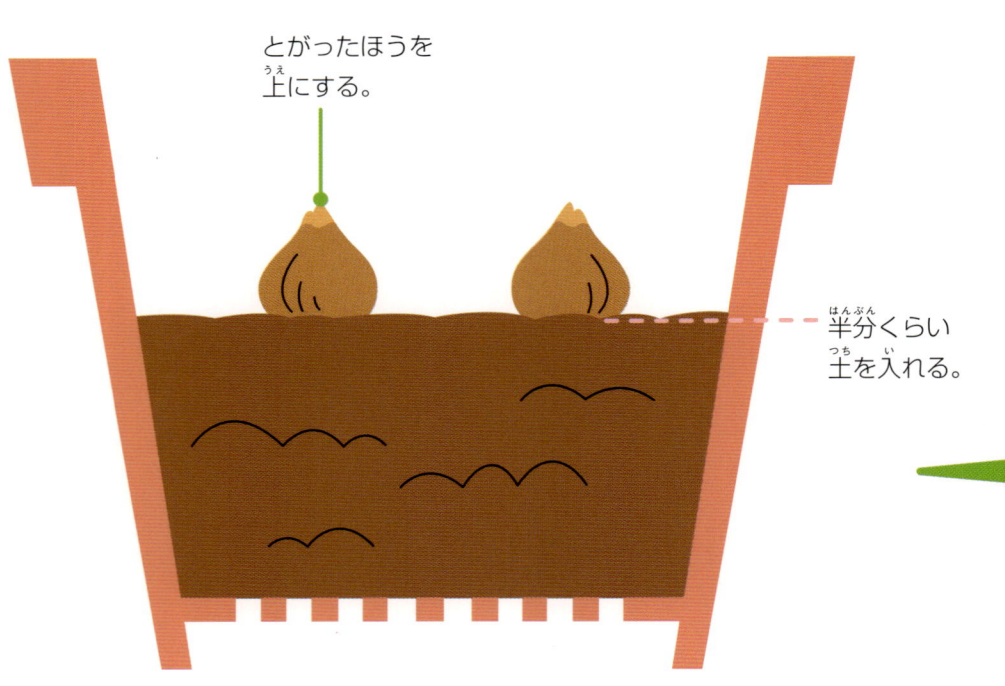

とがったほうを上にする。

半分くらい土を入れる。

きゅうこん

きゅうこんの茶色いかわの中には、チューリップをそだてるよう分がたくさんつまっています。きゅうこんをえらぶときは、大きくてずっしりとおもみがあるものにしましょう。

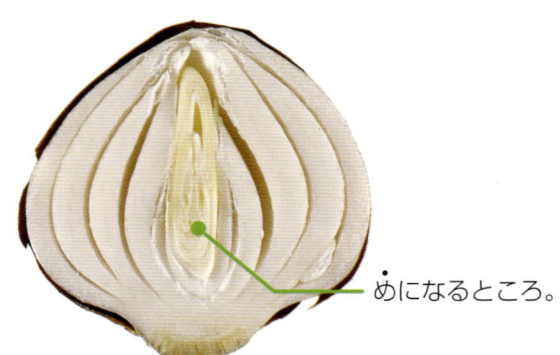

めになるところ。

たてに半分に切ったきゅうこん。中には、「りんぺん」という葉がへんかしたものがいくつもかさなっています。いちばん内がわが、めとして出てくるところで、くき、葉、花がすでにそろっています。めは、りんぺんにたくわえられたよう分でそだちます。

きゅうこんの上に2センチくらい土をかぶせましょう。あまりふかくうえると、根がのびにくくなります。はちがあさいときは、きゅうこんの先が見えてもかまいません。直けいが20センチくらいのはちなら、3〜5こうえてください。

はちを上から見たところ

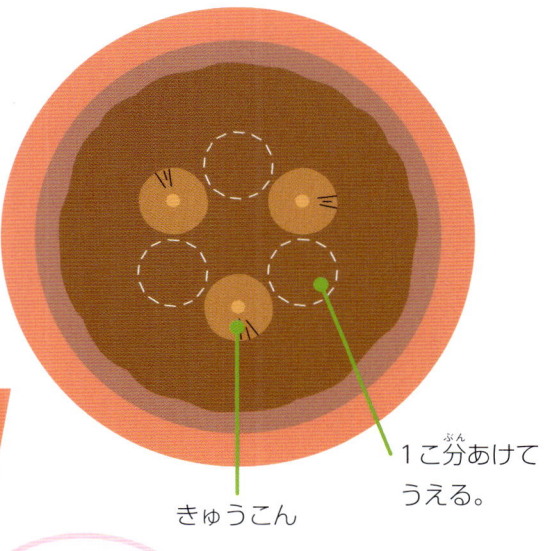

1こ分あけてうえる。
きゅうこん

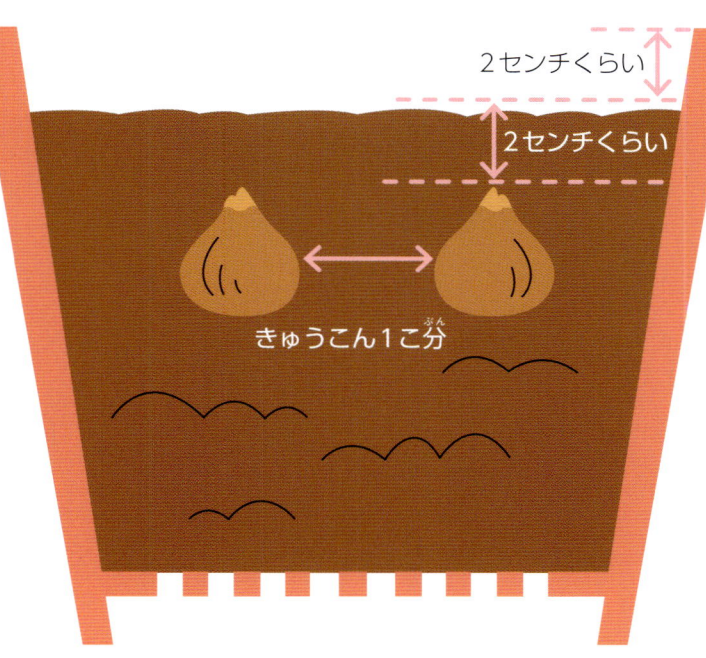

2センチくらい
2センチくらい
きゅうこん1こ分

あさめにうえるんだね。

花だんへのうえ方

花だんにうえる場合は、きゅうこん3こ分のふかさのあなをほってうえ、土をかぶせます。となりのきゅうこんとは10センチほどはなします。きゅうこんは、ふくらんでいる面と、あまりふくらんでいない面があります。同じ面をそろえてうえると、葉のむきがそろいます。

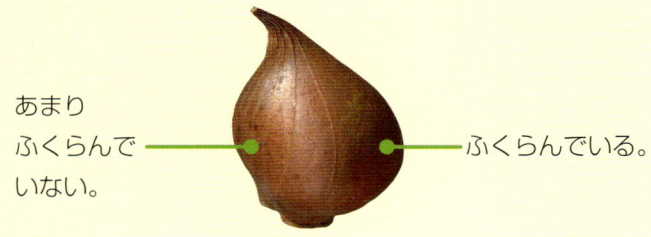

あまりふくらんでいない。
ふくらんでいる。

水やり

うえおわったら、はちの下から水が出るくらいまで、じょうろでたっぷりと水をやりましょう。

そこから水が出ていることをかくにんしよう。

翌年に植える球根を育てる場合は、1つの鉢に3球、花だけを楽しむなら5球を植えましょう。ただし、関東以西の暖かい地方では球根がうまく育たないことがあります。

冬のさむさが大事

　チューリップのきゅうこんを、これからさむくなる秋のじきにうえるには、りゆうがあります。きゅうこんは、冬のさむさを合図にして、めをのばすじゅんびをはじめるからです。土の上にはまだ何も生えていませんが、きゅうこんは冬の間も土の中でゆっくりそだっていきます。

かれたように見える冬のしょくぶつですが、春にむけてめを出すじゅんびをしています。

チューリップをうえる前の夏、きゅうこんの中では、くきや葉や花のもとになるめができています。秋になって、きゅうこんをうえると、下から根がのび、土にふくまれる水とよう分をすい上げて、きゅうこんにためこみます。さむい土の中で、めを出すじゅんびをしているのです。

土の中で根をのばす、きゅうこん。根は長いもので40センチにもなります。根は土の中の水とよう分をすい上げるほかに、のびためをささえるやくわりもします。

12

冬も水やり

冬でも土の中では、きゅうこんの根がのびて、めをのばすじゅんびをしています。土の中の水が足りないと、めがのびなくなることがあるので、冬の間もだいたい3日に1回、午前中に水をやりましょう。土のひょうめんがかわいてから、はちの下から水が出てくるくらいに、たっぷりと水をやります。雪がたくさんふる地いきでは、水やりはしなくてもよいです。めが出てからも、水やりをつづけましょう。

冬は土がかわきやすいから、こまめにかくにんしてね。根気よくせわをすることが大切だよ。

春をまつしょくぶつ

しょくぶつはそれぞれくふうして、冬のきびしいさむさをたえて春をまちます。

モクレンの冬芽。あたたかそうな毛につつまれています。春になると、葉や花になります。

カラマツの冬芽。葉や花になる大事なぶぶんは、外がわのかたいかわにまもられているので、つめたいしもがついてもへいきです。

セイヨウタンポポの葉。冬の間、地面にはりつくように広がって生えることで、風をふせぎ、日光をたくさんうけることができます。このような葉の生え方を「ロゼット」とよびます。

キツネアザミの葉。セイヨウタンポポと同じように、ロゼットです。ロゼットになるしょくぶつの葉は、かれずにみどり色のまま冬をこします。

スイセンのめ。スイセンは、チューリップと同じように、きゅうこんからそだてる草花です。地上にめを出して冬をこし、春早くに花がさきます。

13

めが出たよ

　冬のいちばんさむいじきをすぎて、2月ごろになると、チューリップは地上にめを出します。まださむいので、外がわの葉が中の葉やつぼみのもとをつつんで、まもっています。

くるっと葉がまいた形のめが出ました。あつみがあり、つるつるとしていて、水をよくはじきます。

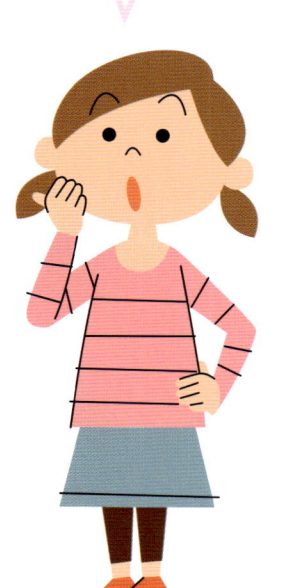

アサガオや
ヒマワリのめと、
ちがう形のめだね。

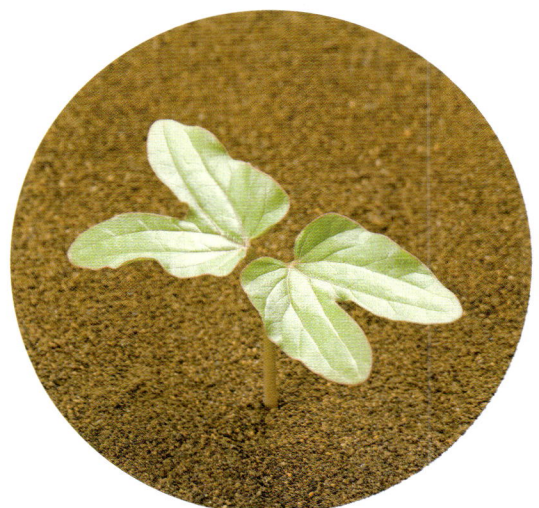

たねからそだてるしょくぶつは、めが出てさいしょに「子葉」という葉が出ます。アサガオやヒマワリの子葉は2まいむかい合ってひらきます。しかし、きゅうこんからそだてるチューリップには子葉が出ずに、はじめからふつうの葉が出ます。チューリップも、たねからそだてると子葉が出ます（→25ページ）。

アサガオの子葉。

ヒマワリの子葉。

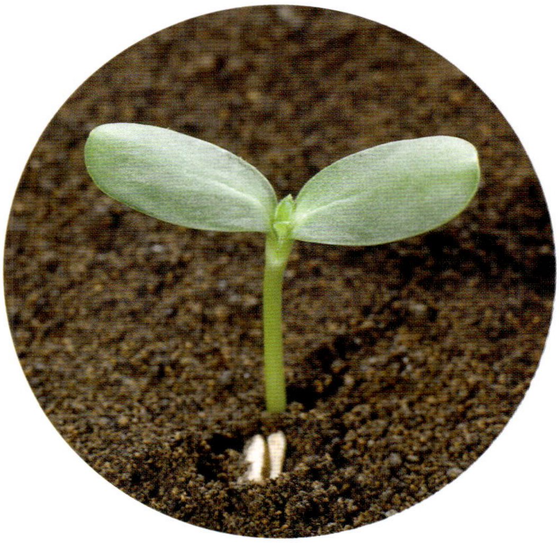

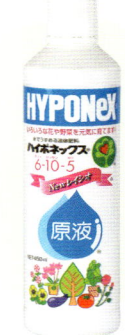

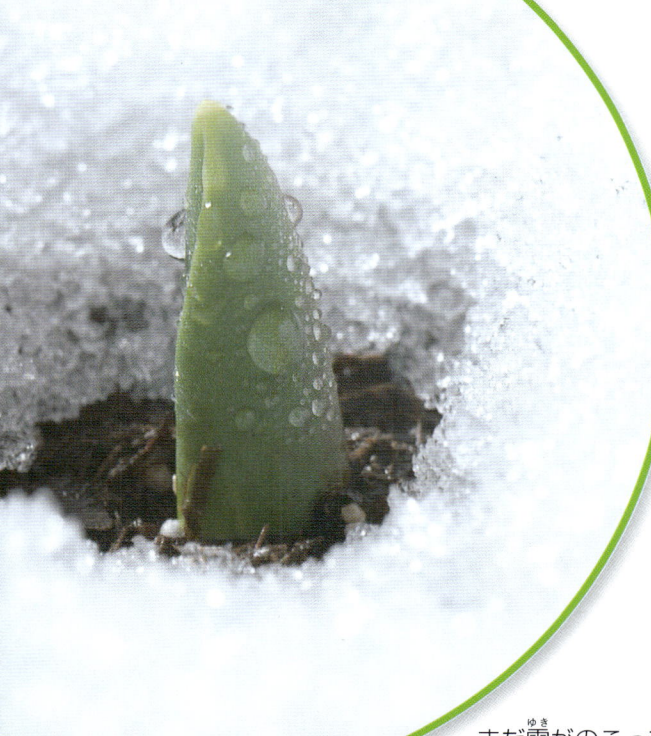

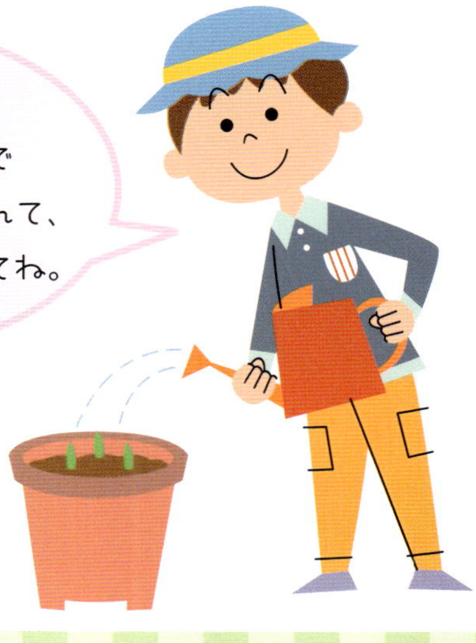

まだ雪がのこっていても、さむさにまけずに、めを出します。

めが出たら、ひりょうをやろう

3日に1回の水やりのほかに、水でうすめたえきたいひりょうを、1か月に1回やりましょう。うすめ方などは、ひりょうのようきに書いてあるせつめいをよく読んでください。

HYPONeX
ハイポネックス
6-10-5
原液
えきたいひりょう

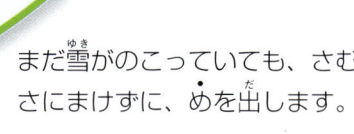

うすめたえきたい
ひりょうは、じょうろで
まいたり、バケツに入れて、
ひしゃくでまいたりしてね。

葉がのびてきた

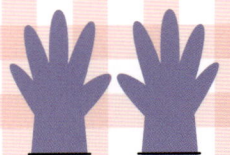

　チューリップのめはしだいにほぐれ、葉が1まい、2まいとひらいていきます。あたたかくなるにつれて、どんどん葉が大きくなり、くきも長くのびてきます。そして、めが出てから2か月ほどで、くきの先についたつぼみが、葉の中からすがたを見せます。

水やりをふやそう　チューリップの葉がのびてくると、これまでよりも多くの水がひつようになります。水やりを、1日～2日に1回にふやしましょう。

めがふくらんで、ほぐれてきました。中には、小さなつぼみができていて、葉にまもられるように、かくれています。

1まい目の葉がひらき、2まい目の葉もひらきました。葉では、日光をうけて、よう分が作られています。

チューリップを上から見ると、葉の中にうもれているつぼみがよく見えます。外がわを3まいのがくがおおっています。このがくは、つぼみがそだつにつれて花びらと同じ色になり、さくころには花びらと見分けがつかなくなります。また、上から見ると、葉のふちがなみうっているようすもよくわかります。

上から見てみよう

のびた葉が、りょう手を上げた人の形みたいだね。

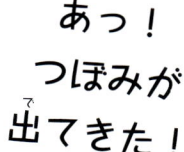

あっ！つぼみが出てきた！

3まい目の葉が出ました。葉は外がわにそっています。成長したつぼみが、葉の中から見えてきました。

くきがのびて、つぼみが高く上がってきました。まだかたくとじた、みどり色のつぼみです。

色づくつぼみ

くきがのびて、つぼみのいちが高くなると、かたくとじていたつぼみが色づきながら、ふくらみます。まだわかいつぼみのときは、花びらににた3まいのがくがまわりをおおっています。日がたつにつれて、がくに色がついて広がり、さらにがくにつつまれた本当の花びらも広がってきます。

つぼみを半分に切ったところ。外がわはまだみどり色ですが、中にたたまれている花びらには色がついています。おしべとめしべも、もうできています。

強い風にちゅうい

チューリップのくきがのびて、せが高くなると、たおれやすくなります。強い風がふくときは、家のかべぎわやベランダのすみなど、風の当たらないところに、はちをいどうしましょう。

つぼみは色づきながら、ふくらんでいくんだね。

外がわはまだみどり色ですが、ふちがほんのりと赤くなっています。

つぼみが全体に少し赤みをおびて、ふくらんできました。

まだ少しみどりがかっていますが、赤い色がましてきました。

つぼみがだいぶふくらんで、ふっくらとしてきました。

赤い色があざやかになり、もう花がひらきそうです。

花がひらきはじめました。色もさらにあざやかになりました。

花がさいたよ

秋にきゅうこんをうえてから、6～7か月ほどたった春のあたたかい日に、チューリップは、大きく花をひらかせます。

花はさいてから1週間ほど、楽しむことができます。

きれいにさいたよ！

まんかいのチューリップ畑。畑や花だんなら、たくさんうえることができます。
ならんで風にゆられるチューリップの花は、とてもきれいです。

とじひらきする花

　朝、昼、夕方と、さいたチューリップの花をかんさつしてみてください。花は昼間、大きくひらきますが、朝早い時間や夕方だと、とじています。チューリップの花は、まわりの温度によって、とじたりひらいたりするのです。

　そして、とじひらきしながら花が成長して、毎日、少しずつ大きくなっていきます。

> しょくぶつも、温度をかんじているんだね。

さむいときはとじる

気温のひくい朝や夕方、雨の日などは、花がとじます。昼間でも気温がひくいときは、とじたままです。

22

花の中はどうなっている？

花の中を上からのぞいてみましょう。まん中には、めしべが1本、そのまわりをかこむように、おしべが6本あります。おしべの花ふんがめしべについてしばらくたつと、たねができます。

上から見たチューリップ。

- めしべ
- おしべ

あたたかいときはひらく

あたたかい昼間には、花がひらきます。花がとじたりひらいたりするのは、さいてから5日ほどまでです。

虫がやってきた！

チューリップの花にやってきたキリギリスの子ども。

花がひらいているあたたかいときは、虫がかっぱつにとびまわり、花ふんを食べようとやってきます。虫が、めしべに花ふんをつけるやくめをすることもあります。花の中をうごいているうちに、虫は花ふんを体につけて、そのままめしべに花ふんをつけるのです。

花がさきおわったら

　とじたりひらいたりしながらさいていたチューリップの花は、やがてとじなくなり、花びらがおちてさきおわります。
　花を楽しんだ後は、きゅうこんを大きくそだてましょう。きゅうこんをしゅうかくすれば、秋にまた、うえることができます。

花のつみ方

しぼう

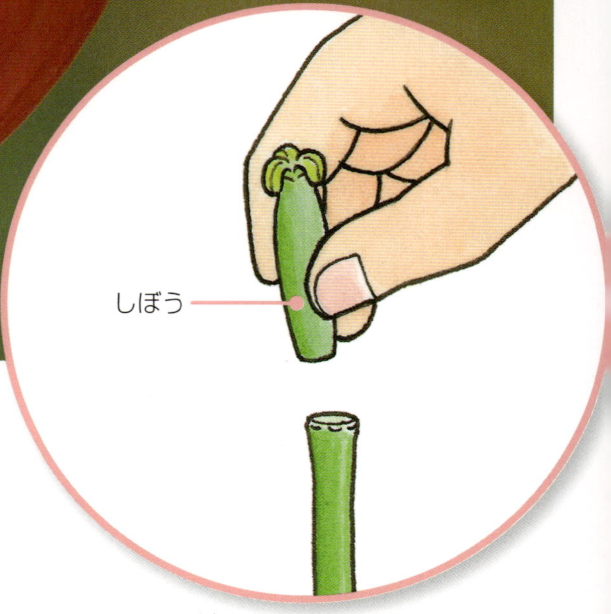

しぼうの下を、ポキッとおりましょう。

　秋にうえたきゅうこんは、花をさかせるためによう分をつかい、だんだんとしぼんでいきます。でも、そのきゅうこんから子どものきゅうこんができ、そだちはじめているのです。さきおわった花はつみとりましょう。葉で作られたよう分が、こんどは新しいきゅうこんを大きくします。

関東以西の暖かい地方では、球根があまり大きくなりません。球根が小さいと、開花は期待できません。

24

花をつんでも、くきと葉がみどり色をしている間はのこしておきましょう。みどり色のぶぶんでは、日光と水と空気をつかって、よう分が作られ、新しいきゅうこんがそだちます。葉がみどり色の間は水やりをつづけ、葉が黄色くなってきたら、水やりをやめましょう。

葉が黄色くかれるのが、きゅうこんをほりおこすサインだよ。

かれたチューリップ。黄色くなったくきや葉では、よう分が作られなくなります。

チューリップのたね

花をつまないままにしておくと、どうなるでしょうか。おしべの花ふんがめしべについた花は、しぼうがふくらんで、中にたねができます。でも、チューリップをたねからそだてると、花がさくまで5年もかかります。そのため、ふつうはきゅうこんからそだてて花を楽しみます。たねができたら、まいてそだてて、きゅうこんからそだつものとくらべてみるのもおもしろいですね。

花をつまずにおいて、ふくらんだしぼう。

じゅくすとさけて、中からたねが出てきます。

たねからそだったチューリップのめ。アサガオやヒマワリは子葉が2まいですが、チューリップの子葉は1まいです。

子葉が2枚の植物を「双子葉植物」といい、1枚の植物を「単子葉植物」といいます。双子葉植物は、葉の葉脈があみ目状で根は主根と側根からなっています。単子葉植物は、葉の葉脈が平行で根は多くのひげ根が出てきます。

きゅうこんをほろう

　6月に入ると、チューリップのくきと葉は、黄色くなってかれます。それを合図に、きゅうこんをほりおこしましょう。土の中で、新しいきゅうこんがそだっています。

ほり出し方

きゅうこんをきずつけないように、まわりからほっていきましょう。

土からほり出したきゅうこん。まわりの茶色いかわは、きゅうこんの中身がきずつかないように、まもるやくめをしています。

秋にうえたときのきゅうこん **夏にほり出したきゅうこん**

数がふえた！

秋にうえたきゅうこんを、夏にほり出したら、2つから4つにふえていることもあります。

きゅうこんをほぞんしよう

ほり出したきゅうこんは、かれたくきや葉、根をとりのぞき、土をはらいます。くっついているきゅうこんは1つずつ、はずしましょう。日かげで2、3日、かわかします。

かわかしたきゅうこんは、ネットのふくろなどに入れます。日かげで、しっ気が少ないところにほぞんしておきましょう。

秋になったら、また、うえようね。

水さいばいにちょうせん

　きゅうこんは、よう分がたくさんつまっているので、水だけでも成長して花がさきます。とうめいなようきでそだてれば、根がのびるところも見られます。ぜひ、水さいばいにちょうせんしてみましょう。草たけのひくいチューリップがそだてやすいひんしゅです。

きゅうこんのじゅんび

きゅうこんは、さむいところにおかないと、めが出ません。9〜10月ごろから、きゅうこんを新聞紙などにくるみ、れいぞうこに入れて、2か月ほどねかせましょう。または、お店で「冷蔵チューリップ」「アイスチューリップ」などと書かれたきゅうこんを買いましょう。水さいばいをはじめるときに、まわりの茶色いかわは、むいてください。

かわをむいたきゅうこん。

ようきのじゅんび

きゅうこんの、水さいばい用のようきが売られています。とちゅうに、くびれがあり、きゅうこんの下のぶぶんだけ、水がふれるようになっています。ペットボトルを切って作ることもできますし、サイズが合えば、牛にゅうびんなどでもよいでしょう。

水さいばい用のようき。

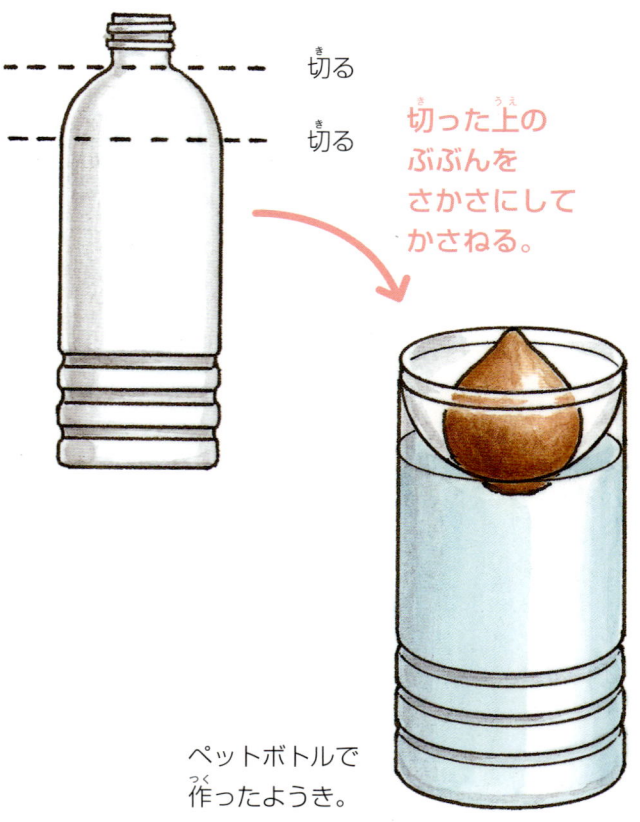

切る
切る

切った上のぶぶんをさかさにしてかさねる。

ペットボトルで作ったようき。

1 ようきのくびれのところまで水を入れ、きゅうこんの下のぶぶんだけ、水がふれるようにします。根が出るまでは、くらくて温度のひくいばしょにおくか、はこをかぶせてくらくしましょう。水は、3日に1回かえます。

2 めが出てきたら、へやの明るいところにおきます。のびてきた根は、こきゅうをするために、水から出ているぶぶんもひつようです。また、きゅうこんはくさりやすいので、根が5〜6センチにのびたら、根の長さの半分くらいのところまで水を少なくしましょう。

3 水の中で、根がのびていきます。くきや葉ものびて、うまくそだてば、水さいばいをはじめてから2か月ほどで花がさきます。

さいた！

もっと知りたい！ チューリップ

　チューリップについて、何か気になることや、ぎもんにかんじたことはありませんか？ さいごに、よく聞かれるしつもんをあつめてみました。

**Q　冬の間、外においておくと、さむくてかわいそう。
チューリップのはちを家の中に入れてもいい？**

A　12ページでせつめいしているように、チューリップのきゅうこんは、さむさにあてないとそだちません。あたたかい家の中では、きゅうこんがそだつきっかけがなくなり、めが出なくなります。冬でも、かならず外に出しておきましょう。雪がふっても、土の中のきゅうこんはだいじょうぶです。

冬でも土の中でそだってるよ。

**Q　きゅうこんは、小さなタマネギみたいだね。
もしかして、タマネギもきゅうこんなの？**

A　はい、じつはタマネギもきゅうこんなのです。チューリップのきゅうこんを切ると、白いものがいくつもかさなっています（→10ページ）。これは葉が太ったもので、よう分や水分が多くたくわえられています。このようなきゅうこんを「りんけい」といいます。タマネギもチューリップと同じりんけいです。ニンニクやラッキョウもタマネギと同じなかまで、きゅうこんをやさいとして食べます（売られているチューリップのきゅうこんは、しょうどくしてあるので食べられません）。

半分に切ったタマネギ。

タマネギの花。

水さいばいでそだったタマネギ。タマネギはきゅうこんなので、土にうえたり水さいばいしたりすると、くきと葉がのびて花がさきます。

Q 赤い花のチューリップのきゅうこんを買ってうえたのに、花がさいたらほかの色のもようが入ってた。どうして？

A それは「モザイク病」という、病気が考えられます。アブラムシが病気のチューリップからウイルスをはこんで、ほかのチューリップにうつしてしまうことがあるのです。ウイルスの病気をなおす農薬はまだないので、見つけたらすぐにぬきとりましょう。ただし、病気ではなく、さいしょからもよう入りの花もあります。きゅうこんを買うときに、花にもようが入っているかどうか、かくにんしましょう。

モザイク病の
チューリップ。

Q チューリップのほかにも、きゅうこんからそだてる花はあるの？

A たくさんあります。にわや公園で見かける花にも、きゅうこんからそだてる花があります。いくつか、しょうかいしましょう。

ユリ

スイセン

クロッカス

ヒアシンス

ムスカリ

フリージア

31

監　　修 ★	松井 孝
デザイン ★	亀井優子／ニシ工芸株式会社
イラスト ★	タニグチコウイチ／高橋悦子
編　　集 ★	ネイチャー・プロ編集室（室橋織江／三谷英生）
写　　真 ★	久保秀一
写真協力 ★	小須田 進／ネイチャー・プロダクション／フォトライブラリー

監修　松井 孝

1940年愛知県生まれ。玉川大学農学部卒業。元玉川大学教授。大学では園芸関係の授業を担当。『栽培と観察がおもしろくなる』シリーズ（監修・共著／ポプラ社）、『フィールドワークで総合学習 自然・環境体験』シリーズ（監修・共著／金の星社）、『生活と園芸』（編・共著／玉川大学出版部）、『こだわりの家庭菜園』（共著／NHK出版）、『1週間から3カ月で収穫できる野菜作り』（監修／成美堂出版）、『ミニ＆ベビー野菜のコンテナ菜園』（講談社）、『ベランダでサラダ野菜』（主婦の友社）ほか著書多数。

そだててみよう！ はじめての栽培
チューリップ

初版発行／2013年3月　第2刷発行／2018年11月

監　修／松井 孝

発行所／株式会社金の星社
　　　　〒111-0056　東京都台東区小島1-4-3
　　　　電話　03（3861）1861（代表）　FAX　03（3861）1507
　　　　ホームページ　http://www.kinnohoshi.co.jp
　　　　振替　00100-0-64678

印　刷／株式会社廣済堂
製　本／東京美術紙工

NDC 620　32P　29.3cm　ISBN 978-4-323-04244-2

©Nature Editors, 2013
Published by KIN-NO-HOSHI SHA, Tokyo, Japan

乱丁・落丁本は、ご面倒ですが小社販売部宛にご送付ください。
送料小社負担にてお取り替えいたします。

[JCOPY]（社）出版者著作権管理機構 委託出版物
本書の無断複写は著作権法上での例外を除き禁じられています。
複写される場合は、そのつど事前に（社）出版者著作権管理機構
（電話 03-3513-6969、FAX 03-3513-6979、e-mail: info@jcopy.or.jp）の
許諾を得てください。

※本書を代行業者等の第三者に依頼してスキャンやデジタル化することは、
　たとえ個人や家庭内での利用でも著作権法違反です。

そだててみよう！はじめての栽培

全5巻　シリーズNDC620（園芸）　各巻32ページ　図書館用堅牢製本

学校や家庭で育てることの多い身近な植物について、栽培手順や成長のようすを楽しく紹介するシリーズ。はじめての栽培でも楽しく世話ができるように、たくさんの写真やイラストでわかりやすく解説します。また、植物の特徴や品種紹介、さらに知識を深める質問コーナーも加えて、それぞれの植物について幅広く知ることができます。

ミニトマト
ミニトマトって、どんなやさい？／どのミニトマトをそだてる？／さあ、そだてよう／よいなえをえらぼう／なえをうえよう／しちゅうを立てよう／水やりをしよう／ひりょうをやろう／わきめが出たら／花と実はどこにつくかな？／くきの成長を止めよう／実が赤くなってきたよ／さあ、しゅうかくだ／おいしく食べよう／もっと知りたい！ ミニトマト

アサガオ
アサガオって、どんな草花？／どのアサガオをそだてる？／さあ、そだてよう／たねをまこう／早くめが出ないかな／2しゅるいの葉／水やり、ひりょうやり／しちゅうを立てよう／どんどんのびるつる／つぼみがついたよ／花がさいたよ／1日でしぼむ花／秋のアサガオ／もっと知りたい！ アサガオ

ヒマワリ
ヒマワリって、どんな草花？／たいようみたいなヒマワリ／さあ、そだてよう／たねをまこう／土の中からめが出たよ／葉がひらいたよ／どんどん出てくる葉／水やり、ひりょうやり／大きな葉と太いくき／たいようのほうをむく／つぼみがついたよ／大きな花がさいたよ／外がわの花と内がわの花／たねのしゅうかく／もっと知りたい！ ヒマワリ

チューリップ
チューリップって、どんな草花？／色とりどりのチューリップ／さあ、そだてよう／きゅうこんをうえよう／冬のさむさが大事／めが出たよ／葉がのびてきた／色づくつぼみ／花がさいたよ／とじひらきする花／花がさきおわったら／きゅうこんをほろう／水さいばいにちょうせん／もっと知りたい！ チューリップ

サツマイモ
サツマイモって、どんなやさい？／いろいろなあじのサツマイモ／さあ、そだてよう／土をたがやし、うねを作ろう／よいなえをえらぼう／なえをうえよう／水やりをしよう／草とりをしよう／ひりょうをやろう／つるがしげってきたら／サツマイモの花は、どんな花？／土の中はどうなっている？／さあ、しゅうかくだ／おいしく食べよう／水だけでそだつ!?／もっと知りたい！ サツマイモ